ごきげんな晩酌

家飲みが楽しくなる
日本酒のおつまみ65

ごはん同盟
しらいのりこ・シライジュンイチ

山と溪谷社

ごはん同盟の
ごきげんな
晩酌スタイル

一杯だって、晩酌。

いつもよりちょっと早く帰った日に、ひと息つきたい気分のときに、一杯で心がゆるむのがイマドキの晩酌。おいしいおつまみが一品あればいい。たとえ簡単なものでも、わずかな時間でも、気持ちが落ち着いてリラックス。一日の疲れをじんわりほぐす最高の一杯となります。

ひとりでも、ふたりでも。

晩酌だからといって、無理に気張らなくてもいいんです。ひとり暮らしのひとり飲みも、ふたり暮らしのふたり飲みも、家族みんなで囲む食卓も、おいしい日本酒とお気に入りのおつまみがあれば、楽しい時間のはじまりです。思い思いの気分で自由きままに楽しむのが、ごきげんな晩酌です。

日本酒、割ってもいいんです。

日本酒の飲み方に決まりはなし。ひと口飲んでみて、少しパンチを感じたら氷を浮かべてロックに。ライトに飲みたい気分のときには、ソーダで割る飲み方だってあります。1対1で割れば、軽いおつまみや揚げものにもぴったり。おつまみに合わせていろいろと試せるのが、晩酌のお楽しみです。

燗酒は炊きたてのごはん。

日本酒を温めると甘味と旨味がじわ〜っ。お米の味がグッと引き出されて、まるで炊きたてのごはん。だから、燗酒にするとおつまみとの相性がぐっと深まります。お風呂につかったみたいなぬくぬくな飲み心地でゆるっとなったら、徒歩０分でごろんとできるのも家飲みのいいところ。

小鉢じゃなくて、取り分けで。

日本酒のおつまみといえば、ちょこっと粋なアテを小鉢に盛りつけるというイメージですが、そんなにがんばらずとも晩酌は楽しめます。家ごはんのいつものおかずを大皿に人数分を盛りつけて、取り分けるのは銘々お好きにどうぞのスタイルで。料理をつくる人も食べる人もごきげんに！

制限なし、ルールなし。

個性のある日本酒が次々と登場する今、合わせる料理が和食だけだとつまらない。焼き鳥やお刺身にも合うけれど、中華やイタリアンのおつまみにだって合うのがイマドキの日本酒です。スパイスやチーズ、フルーツに合う一杯を見つけたら、晩酌はますます楽しくなりますよ。

日本酒があればごきげん

こんにちは、炊飯系フードユニットの「ごはん同盟」と申します。調理担当のしらいのりこと企画担当のシライジュンイチの、夫婦ふたりでやっています。ふたりとも米どころ、新潟県の出身。「コシヒカリ最高！」という環境で育ち、日夜おいしいご飯について考えている私たちが、声を大にして言いたいのは「日本酒最高！」ということです。お酒とおつまみを楽しむ時間は人生最大の喜び。中でも、お米を原料にして造られる日本酒は、我が家の晩酌に欠かせない存在です。

晩酌は夕方から夜にかけての時間帯に楽しむお酒のことを指しますが、我が家の晩酌は、晩ごはん時だけとは限りません。仕事を終えた夕暮れ時でも、週末の昼下がりでも、ちょっとひと息つきたいときに日本酒があれば、それはもうとっておきの晩酌の時間です。

この本では、ごはん同盟の晩酌メニューの中から、日本酒がすすむ定番のレシピを紹介しています。一見、ご飯のおかずのようにみえるけれど、どれも日本酒に合うものばかり。甘辛いご飯のおかずなんて、最高の日本酒のおともになりますよ。肩ひじ張らずに、ゆっくりとお酒に寄り添う時間を楽しんでください。

それでは、ごきげんな晩酌を！

この本の使い方

◎1カップ＝200㎖、大さじ1＝15㎖、小さじ1＝5㎖です。◎基本の油は米油を使っていますが、好みのものを使ってください。◎だしは昆布と削り節でひいていますが、だしパックや顆粒だしなど使いやすいものでOK。◎フライパンはコーティング加工しているものを使っています。◎しょうゆは濃口しょうゆ、砂糖はきび砂糖、塩は自然塩です。◎晩酌のおつまみには料理酒ではなく、ぜひ日本酒を。日本酒は魚や肉の匂い消し、素材を柔らかくする、コクや旨味を引き出すなど、調味料としても万能です。余ったお酒やその日に飲むお酒を使って調理すると、おいしさがアップします。

さてと、今日は
何を飲もうかな？
ジュンイチ
すきあらば、
飲もうとするよね（笑）
のりこ

パート 1

お気に入りのグラスを取り出して、日本酒を注いでみる。キンキンに冷えたビールがおいしいことはみんな知っているけれど、一杯目に飲む日本酒のおいしさは、まだまだ知られていない気がします。我が家の冷蔵庫には、いつも2～3本の日本酒がスタンバイ。「今日は何を飲もうかな？」と、あれこれ悩むのも楽しい時間です。リモートワークをいつもより早く切り上げた夕暮れの、ちょっと軽やかな気分のときのおつまみは、サッとつくれるものがよいですね。本日のおともは、クミン枝豆。日本酒にスパイス、意外とイケるんです。さぁ、ごきげんな晩酌の時間の始まりです。

とりあえず、
日本酒で。

& Nori

とにかく海苔で巻く！

シャウエッセン

ゆでたウインナーを海苔で巻くだけ！　マヨネーズやタバスコをつけたパンチのある味わいもよし！

梅ときゅうり

細切りきゅうりに、たたいた梅肉をのせて海苔で巻いたら、ポリポリ、パリパリが止まらない。

白飯と海苔が合うように、日本酒と海苔も相性抜群！
焼き海苔の香ばしさと旨味で日本酒の余韻が心地よく、す〜いすい。
焼き海苔を常備しておけば、思い立ったときの速攻おつまみに。

みじん切りにしたたくあんを、フォークでなめらかにつぶした完熟アボカドとあえて海苔で巻く。これは意外なおいしさ！

ほぐした明太子であえた細切りのかまぼこを海苔にのせたら、ちょいと粋なおつまみに。とりあえずのつもりがもう一杯！

コンビーフと、水にさらした薄切りのたまねぎ少々、粒マスタードをあえたら、日本酒にどんぴしゃ合う洋風海苔サンド！

さけるチーズはできるだけ細くさくのがポイント！　貝割れ大根といっしょに海苔で巻いたら、みんな大好き海苔チーに。

野菜系の具材は、フルーティータイプ。肉系の具材は、しっかりタイプの日本酒とよく合いますよ。いろいろと試してみて！

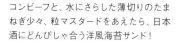

& Vegetable

野菜でちょい飲み

爽やかな香りがクセになる

山椒トマト

トマト1個はしっかり冷やして、くし形切りに。ごま油大さじ1、薄口しょうゆ、塩各小さじ½、粉山椒少々であえてなじませる。日本酒の飲み心地をよくしてくれるトマトと山椒の意外な組み合わせ。ぜひお試しを！

パパッとつくれる野菜のおつまみがあれば、軽〜く一杯でごきげんに！
山椒、クミンや紅しょうがなどの風味をプラスすると、
シンプルな野菜おつまみなのに後を引く味わいに。

カリッとあたる
スパイスがアクセント

クミン枝豆

鍋に枝豆1袋を入れて、塩大さじ1でよくもみこむ。水300㎖を注いで、クミン・シード小さじ1と黒粒こしょう小さじ½を加え、蓋をして強火で5〜6分蒸し煮に。ザルにあげて器に盛り、スパイスといっしょにお酒のおともに。

日本酒とチーズ、
旨味の相乗効果

ポテトサラダ カマンベールチーズ

じゃがいも1個は皮をむき、一口大に切り分け、耐熱容器に入れて電子レンジ（600W）に3分かける。熱々のうちに牛乳大さじ1を加えてフォークでつぶし、ちぎったカマンベールチーズ½個をざっくりとあえて、塩と白こしょうで味を調える。とろけたチーズをつぶして、からめながらいただくとGood！

香りが豊かな野菜つまみには、同じく香りが心地よいフルーティーなタイプの日本酒をチョイス。キンキンに冷やしてどうぞ！

バケツ一杯
食べられます

紅しょうがもやし

もやし1袋をサッとゆで、ごま油とすりごま(白)各小さじ1、しょうゆ少々であえる。器に盛りつけて、紅しょうがを好きなだけのせたら完成。めんどうでも、もやしのひげ根を取ってつくれば至高のおつまみに！

カットキャベツが
香り立つ酒のアテに！

シャキシャキキャベツと熱々にんにくじゃこソース

市販のカットキャベツ100gを器に盛る。フライパンにオリーブ油大さじ３と薄切りのにんにく少々を弱火で熱して、香りよくカリッと焼く。ちりめんじゃこ大さじ2、削り節パック1袋を加えて軽く炒めたら、熱々のうちにキャベツに回しかける。香ばしい油とカリカリのトッピングをしっかり混ぜていただく。

柔らかい葉を
摘んで生のまま

春菊と海苔のナムル

春菊½袋の柔らかい葉を摘み、水に放してパリッとさせ、水けをよくきる。米油大さじ1、すりごま（黒）小さじ1、しょうゆ小さじ1を混ぜて、葉とあえたら器に盛り、ちぎった焼き海苔を散らす。残った茎はみそ汁の具や炒め物に。

無限にすすむ野菜おつまみのコツは、酸味や塩味をしっかり効かすこと。ちょっと強めの味つけでお酒がすすみますからね。

& Fruit

フルーツだって合います

こう見えて、日本酒のおつまみです

焼きりんごブルーチーズ

りんご½個を皮付きのまま薄切りにして、耐熱容器に並べたら、ブルーチーズをひとかけらと砕いたくるみをのせ、トースターで8分焼く。取り分けてから粗びき黒こしょうをふり、はちみつをかけてどうぞ。日本酒に合わせるなら、酸味のある紅玉がおすすめ。

イマドキの日本酒にはフルーツでおつまみを。フルーツの甘みと酸味に日本酒を重ね合わせるとみずみずしくて、フレッシュな飲み心地に。塩をしっかりめにきかせることがポイントです。

爽やかで軽やかな
飲み心地に

キウイとミントのオイルマリネ

キウイ2個は皮をむいていちょう切りに。オリーブ油大さじ½と塩少々、ミント適量を混ぜ合わせる。冷蔵庫で冷やして味をなじませるとさらにおいしい。オレンジやグレープフルーツ、イチゴやブドウでもいける！

甘酸っぱさにチーズの
塩けが後を引く

バナナとモッツァレラのヨーグルトマリネ

バナナ1本は1cm幅に切り、レモン汁小さじ1、塩少々をかけてマリネする。ちぎったモッツァレラチーズ¼個、ギリシャヨーグルト大さじ3と軽くあえて器に盛りつけ、ディルの葉を散らす。濃厚でクリーミーな口当たりのギリシャヨーグルトがなければ、無糖ヨーグルトをコーヒーフィルターで濾して使うといい。

フルーツに合わせるなら、同じような香りの日本酒を選ぶとGood！ スパークリングと合わせてもいいですよ。

パート②

ご飯の友は、酒の友。

お米を愛するごはん同盟として、みなさんに強くお伝えしたいのは、「白いご飯に合うおかずが、同じお米から造られる日本酒に合わないわけがない！」ということです。食卓に並んだ夕食のおかずをつまみながら、日本酒を楽しむ。これがごはん同盟のいつもの晩酌スタイル。日本酒のために特別なおつまみを用意することは、ほとんどありません。和食はもちろん、洋食や中華料理、エスニック料理も、実は日本酒との相性が抜群！　甘辛味のご飯のおともは、日本酒にとっても良きおとも。ジューシーなステーキだって、揚げたてのから揚げだって、最高のおつまみです。

から揚げが、もうすぐ揚がるよー
のりこ
じゃあ、今日はソーダ割りでいくよー
ジュンイチ

ご飯がすすむ肉おかず。
だから、米のお酒だって相性ばっちり。
メリハリのついた味つけにすると、
日本酒の旨味がぐっと引き出されます。

がっつり大満足の

肉おつまみ

カレー粉が香る
エキゾチックな味わい

豚から カレー風味

◎**材料**　［2人分］

豚ヒレ肉（とんかつ用）…… 300g
いんげん（軸を落とす）…… 6本
れんこん（7㎜幅）…… 4枚
塩 …… 少々
揚げ油 …… 適量

下味
- オイスターソース …… 大さじ½
- 日本酒 …… 大さじ½
- カレー粉 …… 小さじ1
- 塩 …… 小さじ½

片栗粉 …… 大さじ2

◎**つくり方**

1 豚肉は2㎝幅に切り、麺棒などでたたいて薄く伸ばす。下味をもみこみ、片栗粉をまぶす。

2 フライパンに2㎝ほど油を入れ、170℃に熱し、いんげんとれんこんを1分ほど揚げて取り出し、塩をふる。

3 続いて豚肉を裏表を返しながら、2〜3分を目安に衣がおいしそうに色づくまで揚げる。薄く伸ばしているので揚げ時間は短時間でOK。揚げものビギナーでも失敗なし。

アツアツのから揚げに合わせるのは、日本酒とソーダを1:1で割った日本酒の炭酸割り。ちょっと濃いめに割るのが好みです。

フライパン焼き鳥

◎材料 [2人分]

鶏もも肉（から揚げ用）
……100g
鶏レバー……100g
砂肝……100g
長ねぎ……2本
塩……少々
たれ
- しょうゆ……大さじ1
- 日本酒……大さじ1
- みりん……大さじ1

米油……大さじ1
粉山椒……適量

◎つくり方

1 レバーは食べやすい大きさに切り、流水で洗い血合いを抜く。砂肝もひと口大に切る。鶏肉と合わせて塩でもむ。長ねぎは3㎝長さに切る。

2 フライパンに米油を入れて中火で熱し、1の肉を入れて2分ほど炒める。続けて、長ねぎを入れてこんがり焼き目をつけたら、たれの材料を回しかける。鶏肉に照りが出たら火を止め（写真）、器に盛りつけ、粉山椒をたっぷりかけていただく。

トマトのコクと甘みがピタリと寄り添う

イタリアン肉じゃが

◎材料 ［2人分］

牛こま切れ肉 …… 80g
じゃがいも …… 2個
たまねぎ …… ¼個
にんにく…… 1片
水 …… 1カップ
黒粒こしょう …… 小さじ½
ローリエ …… 1枚
トマトの水煮 …… 100g
塩 …… 小さじ½
オリーブ油 …… 大さじ1
パルメザンチーズ …… 少々
イタリアンパセリ
（みじん切り）…… 適量

◎つくり方

1 じゃがいもは皮付きのままひと口大に切って、水にさらす。たまねぎは1.5㎝幅のくし形に切り、にんにくはつぶす。

2 フライパンにオリーブ油、にんにくを入れて弱火で熱し、香りが立ったら牛肉、じゃがいも、たまねぎを入れ、たまねぎが透き通ってくるまで炒める。

3 水、黒粒こしょう、ローリエを加えて蓋をし、中火で5～6分、じゃがいもが柔らかくなるまで煮る。

4 トマトの水煮を加えて（写真）、塩で味を調える。器に盛りつけて、パルメザンチーズ、イタリアンパセリを散らす。

赤身肉にからめた焦がしバターで、
ワシワシぐびぐび

サイコロステーキ
レモンバターソース

◎材料 ［2人分］

牛もも肉（ステーキ肉用）…… 300g
長いも …… 4㎝
塩 …… 小さじ½
粗びき黒こしょう …… 少々
オリーブ油 …… 適量

ソース
バター …… 20g
レモン汁 …… 大さじ1
塩 …… 少々
パセリ（みじん切り）…… 1枚

◎つくり方

1 牛肉はひと口大に切り、塩、黒こしょうをもみこむ。10分ほどおいてなじませる。長いもを皮つきのまま1㎝幅に切る。

2 フライパンにオリーブ油をひいて中火で熱し、長いもを焼いて、焼き目がついたら牛肉を加える。それぞれ両面に焼き色がついたら器に盛りつける。

3 ソースをつくる。**2**のフライパンをサッとふき、バターを入れてきつね色になったらレモン汁と塩、パセリを加える。**2**の牛肉にソースをかけていただく。

牛肉には燗酒！　肉の甘みが米の旨味と重層的に合わさって、相性抜群です。華やかな大吟醸酒にも合いますよ。

ラムとミントの焼売
豚肉と
たまねぎの焼売
しいたけと
バジルの焼売

包みたて、蒸したての
ジューシーな焼売で気分は上々！

焼売3種

家族や友人が集まる日は、焼売の日。
蒸篭の蓋を開ければ、焼売の湯気で
誰もがたちまちごきげんに。
ふわっふわの皮に包まれた
熱々の焼売をほおばると、
口の中に溢れる肉汁がたまらない！

シンプル・イズ・ベスト

豚肉とたまねぎの焼売

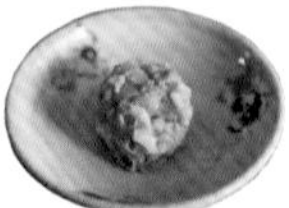

◎材料 [10個分]

豚ひき肉 …… 100g
豚バラ肉（薄切り）* …… 50g
たまねぎ …… ½個
片栗粉 …… 小さじ2
調味料
- 塩 …… 小さじ½
- しょうゆ …… 小さじ2
- 日本酒 …… 大さじ1
- しょうが（すりおろし）…… 大さじ1½

焼売の皮 …… 10枚

◎種のつくり方

1 豚バラ肉を包丁でたたいて細かくする。たまねぎは粗みじんに切り、片栗粉をまぶしておく。

2 ボウルにひき肉と豚バラ肉を入れて、最初に塩でもむ。粘りが出たら残りの調味料を加えてよく混ぜ、力を入れてねっとりするまで練る。全体がまとまったら、たまねぎを加えて混ぜ合わせる。

＊豚バラ肉は半冷凍にしておくと扱いやすい。豚バラ肉を足すとジューシーに仕上がるが、ひき肉だけでもOK！

きのこの旨味が凝縮！

しいたけとバジルの焼売

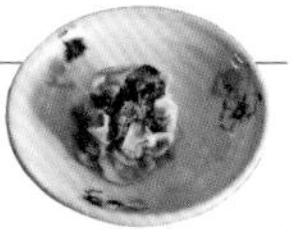

◎材料 [10個分]

合いびき肉 …… 200g
しいたけ …… 5枚
片栗粉 …… 小さじ2
バジル …… 10枚
調味料
- オイスターソース …… 大さじ½
- 塩 …… 小さじ¼
- ごま油 …… 小さじ1

焼売の皮 …… 10枚

◎種のつくり方

1 しいたけはみじん切りにして片栗粉をまぶす。バジルはみじん切りにする。

2 合いびき肉に調味料を加え、力を入れてねっとりするまで練る。粘りが出たら、バジルとしいたけを加えて混ぜる。

エスニックな風味の変わり種

ラムとミントの焼売

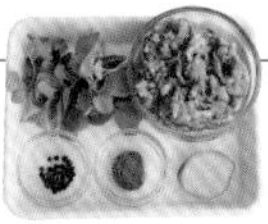

◎材料 [10個分]

ラム肉（薄切り）…… 250g
ミント …… 20枚
調味料
- 黒粒こしょう …… 小さじ½
- クミン・パウダー…… 小さじ½
- しょうが（すりおろし）…… 大さじ1
- トマトペースト …… 20g
- 塩 …… 小さじ⅓

焼売の皮 10枚

◎種のつくり方

1 ラム肉は包丁で細かくたたき、ミントはみじん切りにする。黒粒こしょうは瓶や鍋の底などを使って砕く。

2 すべての材料を混ぜ合わせ、力を入れてねっとりするまで練る。

◎焼売の包み方

1

種は冷蔵庫で冷やし、包む直前に10等分に。

2

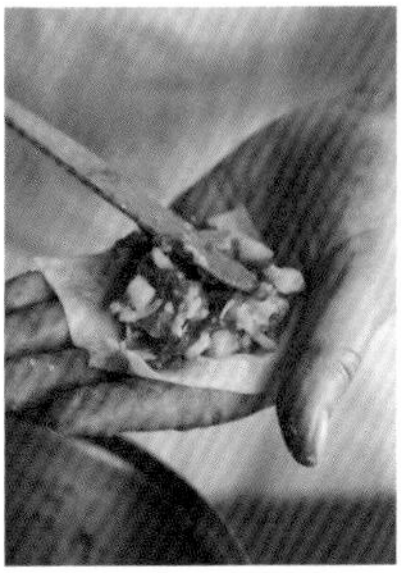

手に焼売の皮を広げ、へらやバターナイフを使って種をのせて均一にならす。

3

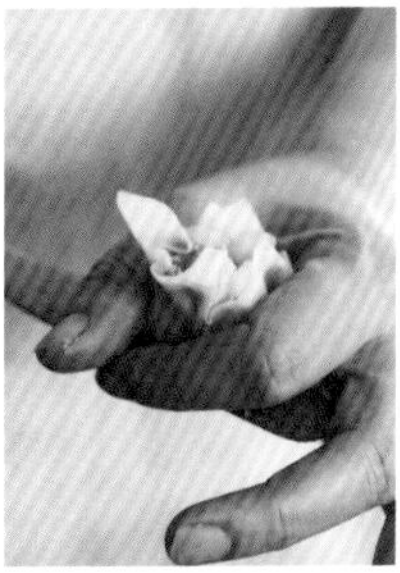

手をすぼめて軽く握り、円筒状に形を整えたら底にへらをあてて、平らにする。

4

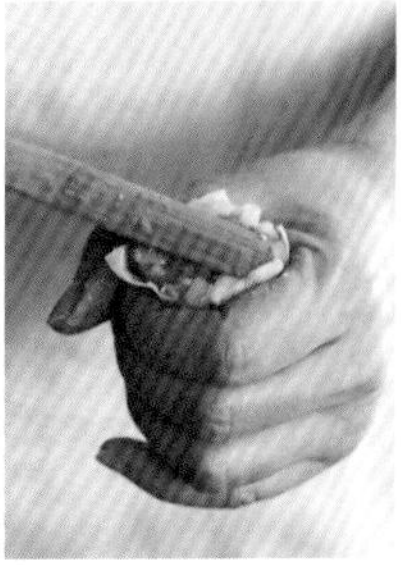

握ったままへらで種を押しこむように包む。蒸しあがったときに皮がはがれないよう、ここで皮にしっかり密着させることがポイント。

5

もう一度底にへらをあてて、きれいに形を整えたら完成。

6

蒸し器用のクッキングペーパー（なければキャベツの葉やレタスの葉もＯＫ）を、蒸篭または蒸し器に敷き、焼売を並べ入れる。

7

蒸気があがってから蓋をして強火で10分蒸す。蒸しあがったら蒸篭ごと大皿にのせて、テーブルへ。蒸している間にお酒のスタンバイもお忘れなく！

それぞれにしっかり味つけをしているので、まずはそのままで。お好みで酢じょうゆと練りがらしをつけてどうぞ。余ったら蒸して冷凍保存を。

こってり旨辛味で、お酒がすすむ！
たくさんつくってつくり置きにしても

いわしの
韓国風みそ煮

豆板醤やナンプラー、塩麹などの発酵調味料を使えば、日本酒と魚の相性がぐっとよくなり、短時間でも深〜い味わいに。

◎材料 ［2人分］

いわし* …… 2尾
しょうが（みじん切り）…… 大さじ1
にんにく（みじん切り）…… 大さじ1
塩 …… 少々
ごま油 …… 大さじ1

＊いわしのほか、
さんまやさばの切り身でも。

たれ
- コチュジャン …… 大さじ½
- 日本酒 …… 大さじ1
- みそ …… 大さじ½
- 水 …… ½カップ

すりごま（白）…… 小さじ2
糸唐辛子（お好みで）…… 適量

◎つくり方

1

いわしは頭を落とし、内臓を外す。塩少々をふり、10分ほどおいて水けをふきとる。たれの材料を混ぜ合わせておく。

2

フライパンにごま油としょうが、にんにくを熱し、香りが立ったらいわしを加えて、両面にこんがりと焼き色がつくまで焼く。

3

混ぜ合わせたたれを加える。ひと煮立ちしたら弱火にして、煮汁をスプーンですくっていわしにまんべんなく回しかけながら、汁けがなくなるまで煮る。器に盛りつけてすりごまをふり、お好みで糸唐辛子をのせる。

韓国の発酵調味料「コチュジャン」を使ったピリ辛風味のみそ煮込み。しっかり&複雑なタイプの日本酒がよく合います。

ぶりのレモンナンプラー蒸し

◎材料 ［2人分］

ぶり（切り身） …… 2切れ
レタス …… 4枚
レモン（薄切り） …… 4枚
塩 …… 少々
日本酒 …… 大さじ1
ナンプラー …… 大さじ1

◎つくり方

1 ぶりは2等分に切る。塩をふり、10分ほどおいて水けをふきとる。

2 耐熱皿にちぎったレタスを敷き、ぶりとレモンを重ね入れ、酒とナンプラーをふる。ふんわりとラップをかけて（写真）、電子レンジ（600W）で3分加熱する。

パセリ香る 鮭のパン粉焼き

◎材料 [1〜2人分]

塩鮭（甘口）…… 1切れ
じゃがいも …… 1個
小麦粉 …… 小さじ1
トッピング
- にんにく（みじん切り）…… ½片
- パセリ（みじん切り）…… ½本
- パン粉 …… 大さじ2
- 粉チーズ …… 大さじ1

オリーブ油 …… 適量

◎つくり方

1 鮭に小麦粉をまぶす。じゃがいもは皮付きのまま1㎝幅に切り、水にさらして、電子レンジ（600W）で2分加熱する。

2 フライパンにオリーブ油大さじ1を入れて中火で熱し、鮭とじゃがいもを並べて2分ほど焼く。両面を焼いたら取り出して、器に盛りつける。

3 トッピングをつくる。**2**のフライパンをサッとふき、オリーブ油小さじ1を入れて中火で熱し、にんにくを加える。香りが立ったら、パセリ、パン粉を加えて炒める。きつね色に焼き色がついたら粉チーズを加えて混ぜて（写真）、**2**にふりかける。トッピングをからめながらいただく。

麻婆牡蠣

濃厚なたれがからんだ
ふっくらとろける口当たり

◎材料 ［2人分］

牡蠣 …… 200g
長ねぎ …… $\frac{1}{2}$本
塩 …… 少々
片栗粉 …… 大さじ2
米油 …… 適量

たれA
- しょうが（すりおろし）…… 小さじ1
- にんにく（すりおろし）…… 小さじ1
- 豆板醤 …… 小さじ1

たれB
- みそ …… 小さじ1
- しょうゆ …… 小さじ1
- 砂糖 …… 小さじ1
- 日本酒 …… 大さじ1
- 水 …… 大さじ4

ごま油 …… 大さじ$\frac{1}{2}$
花椒粉《ホォアジャオフェン》（お好みで）…… 小さじ1

◎つくり方

1
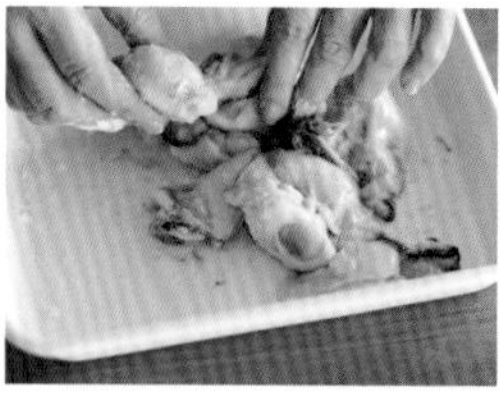

牡蠣は塩水で洗って水けをふきとり、片栗粉をまぶす。長ねぎはみじん切りにする。たれBを混ぜて、みそを溶いておく。

2

フライパンに米油大さじ1を入れて中火で熱し、牡蠣を焼く。ぷっくりとしたら取り出す。火を入れすぎると縮んで小さくなるので注意。

3

2のフライパンに米油大さじ1、たれAの材料を入れて弱火で熱し、香りが立ったらたれBを回しかけ、沸いたら牡蠣を戻し、長ねぎを加え、ごま油を回しかけて、お好みで花椒粉をふる。手早くサッとなじませるくらいでOK。

凝縮した牡蠣の旨味にピリ辛が加わって、より複雑な味わいに。それに負けないように日本酒も旨味が強いものを選んで。

塩麹の旨味と塩味がきいた
スープが日本酒をよぶ

和風ブイヤベース

◎材料 [2人分]

たい* …… 半身分
有頭えび …… 2尾
あさり …… 100g
にんにく（みじん切り）…… 1片
たまねぎ（みじん切り）…… $\frac{1}{4}$個
オリーブ油 …… 大さじ1
日本酒 …… 大さじ2
塩麹 …… 大さじ1
水 …… 2カップ
ミニトマト …… 6個
イタリアンパセリ（みじん切り）
…… 適宜

*たいの半身を3等分くらいに切り分ける。
切り身を使う場合は3切れ分で。

◎つくり方

1 海老は背ワタと足の先を切り取る。フライパンにオリーブ油、にんにくを弱火で熱する。香りが立ったらたまねぎを加え、続けてたいを皮目を下にして加え、えび、あさりを入れて中火で焼く。

2 たいに焼き色がついたらひっくり返し、酒をふりかけ、塩麹、水を加える。

3 蓋をして、ひと煮立ちしたら弱めの中火で4分ほど煮る。仕上げにミニトマトを加えてサッと火を通し、オリーブ油（分量外）を回しかけ、パセリを散らす。

“地中海の寄せ鍋”的存在なブイヤベース。ついついお酒がすすむのは、隠し味に日本酒を加えているからなんです。

晩酌にひと皿あるとうれしい
ミネラル＆ビタミンおつまみ。
野菜の香りや食感が、日本酒の
飲み心地をよくしてくれます。

後味の爽快感がクセになる！
クミンと日本酒、じつに合います

スパイス焼きなす

◎材料　［2人分］

なす …… 2本
にんにく …… 1片
塩 …… 小さじ⅓
オリーブ油 …… 大さじ1
ローリエ …… 1枚
クミン・シード …… 小さじ½
チリ・パウダー（お好みで）…… 少々

◎つくり方

1 なすは縦半分に切り、1cm厚さに。断面に切り目を入れ、塩をふって5分ほどおき、水けをふきとる。にんにくはつぶす。

2 フライパンにオリーブ油、にんにく、ローリエ、クミン・シードを入れて弱火で熱する。

3 香りが立ったらなすの皮目を下にして並べ、3分ほど焼く。裏返し、弱火にしてさらに3分ほどジリジリと焼き目がつくまで焼く。仕上げにお好みでチリ・パウダーをふる。

インドカレーとラッシーが鉄板の組み合わせのように、スパイスを使った料理には甘酸っぱいどぶろくが合うことを発見！

豆苗のピーナッツ炒め

◎材料 [2人分]

豆苗 …… 1袋
にんにく …… 1片
ピーナッツ（無塩）…… 10粒
塩、白こしょう …… 各少々
米油 …… 大さじ1

◎つくり方

1 豆苗は3cm長さに切る。にんにくは粗みじん切りに、ピーナッツは包丁で細かく砕く。

2 フライパンに米油とにんにく、ピーナッツを入れて中火で熱する。香りが立ったら豆苗を加え（写真）、サッと炒めて、塩、白こしょうで味を調える。

きのこをミックスすればより深い味わいに

いろいろきのこチーズ焼き

◎材料 ［2人分］

しめじ …… ½パック
まいたけ …… ½パック
しいたけ …… 2枚
エリンギ …… 1本
ピザ用チーズ …… 50g
オリーブ油 …… 大さじ1
塩 …… 小さじ⅓
白こしょう …… 少々

◎つくり方

1 しめじとまいたけは、石づきを切って大きくほぐす。しいたけは石づきを取り、エリンギは手でさく。きのこにはあらかじめ塩をふり、5分ほどおく。

2 フライパンにオリーブ油を入れて中火で熱し、1を並べる。2分ほど焼いたらひっくり返し、白こしょうをふり、ピザ用チーズをのせて蓋をする（写真）。さらに3分ほど加熱し、チーズがとろけたら出来上がり。

豆乳ソースでさらりとした仕上がりに

長ねぎとアンチョビのグラタン

◎材料　[2人分]

長ねぎ …… 2本
アンチョビ …… 2尾
にんにく …… ½片
小麦粉 …… 大さじ2
バター …… 20g
豆乳（成分無調整）
　…… 1カップ
ピザ用チーズ …… 60g
塩 …… 少々

◎つくり方

1 長ねぎは3㎝長さの薄切りにして、小麦粉を全体にまぶす。にんにくはみじん切りにする。

2 フライパンにバター、にんにくを入れて弱火で熱し、香りが立ったらアンチョビをほぐしながら加える。火加減を中火にし、1の長ねぎを粉ごと加えて炒める（写真）。全体がなじんだら、豆乳を加えて、木べらでとろみが出るまで2分ほど加熱し、塩で味を調える。

3 耐熱容器に盛りつけ、ピザ用チーズを上に盛りつけて、200℃のオーブンで8分ほど焼く。

たたきごぼうの揚げ漬け

◎材料　［2人分］

ごぼう …… 1本
片栗粉 …… 適量
たれ
　しょうゆ …… 小さじ2
　五香粉《ウーシャンフェン》 …… 小さじ1
揚げ油 …… 適量

◎つくり方

1 ごぼうは皮をこそげてから、麺棒などでたたいて柔らかくする（写真）。4㎝長さに切り、手でさき、水に10分さらす。水けをふきとり、片栗粉をまぶす。

2 揚げ油を170℃に熱し、ごぼうを5分ほどじっくり揚げる。パリッと香ばしく色づいたら取り出し、油をよくきって、熱いうちにたれの材料にからめる。たたきレンコンでつくるのもおすすめ。

しょうゆにみりんや砂糖、
日本酒の甘みやコクが
合わさった甘辛い味。
これぞ、ニッポンの晩酌おつまみ。

しみじみ飲める

甘辛おつまみ

甘酸っぱいたれが染みた
かぼちゃもたまらない酒のアテ

かぼちゃと豚肉の南蛮漬け

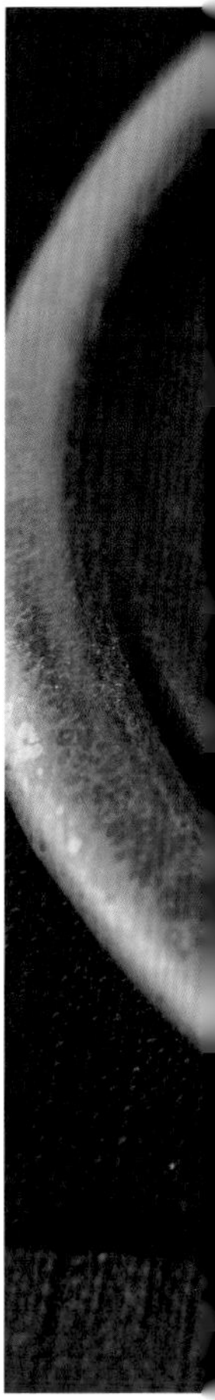

◎**材料**　[2人分]

豚バラ肉（薄切り）…… 100g
かぼちゃ …… 200g
塩 …… 少々
片栗粉 …… 大さじ1

たれ
しょうゆ …… 大さじ1
砂糖 …… 大さじ1
酢 …… 大さじ1
ごま油 …… 大さじ1

揚げ油 …… 適量

◎**つくり方**

1 豚肉は2㎝幅に切り、バットに広げて塩をふり片栗粉をまぶす。かぼちゃは7㎜厚さに切る。バットにたれの材料を入れて混ぜておく。

2 フライパンに揚げ油を1㎝ほど入れて170℃で熱し、かぼちゃを並べ入れて裏表を返しながら揚げ、器に盛りつける。続いて、1の豚肉を揚げる。

3 豚肉の表面がカリっとしたら取り出し、熱いうちにたれにサッとからめて、かぼちゃの上に盛りつける。

かぼちゃの甘さと豚肉の脂の旨味で、ご飯もお酒も止まらなくなる“最強のお供”。まさに、ご飯の友は酒の友！

鮭の焼き漬け

◎材料 ［2人分］

生鮭（切り身）* …… 3切れ
漬けだれ
- 日本酒 …… 大さじ2
- みりん …… 大さじ2
- しょうゆ …… 大さじ4
- 砂糖 …… 大さじ2

＊生鮭は脂ののった銀鮭、アトランティックサーモンがおすすめ。

◎つくり方

1. 鮭はひと口大に切り分ける。
2. 漬けだれをつくる。鍋に酒、みりんを入れて沸騰させ、アルコール分をとばす。しょうゆと砂糖を入れて再度沸騰させて火をとめ、冷ます。
3. 鮭は魚焼きグリルで10分くらい皮がパリッとするまで焼く。熱いうちに漬けだれにからめてなじませ、1時間ほど漬けておく（写真）。冷蔵庫で2〜3日保存可能。

脂身の甘みとたれのコクで深い味わいに

豚バラ大根

◎材料 [2人分]

豚バラ肉（薄切り）…… 100g
大根 …… 300g
しょうが …… 1片
赤唐辛子（輪切り）…… 小さじ1
たれ
　しょうゆ …… 大さじ1
　みりん …… 大さじ1
　日本酒 …… 大さじ1
　砂糖 …… 大さじ½
　水 …… 1カップ
ゆずの皮（お好みで）…… 適量

◎つくり方

1 豚肉は2㎝幅に切る。大根は5㎜幅の細切りに、しょうがとゆずの皮は千切りにする。

2 フライパンに豚肉を入れて中火で熱して、箸で広げながら2分ほど炒める。豚肉から脂が出てきたらペーパータオルでふきとる。

3 大根、しょうが、赤唐辛子を加えてサッと炒めたら、たれの材料を加える（写真）。中火で汁けがなくなるまで10分ほど炒め煮にしたら、器に盛りつけ、お好みでゆずの皮をのせる。冷蔵庫で3～4日保存可能。

油揚げの甘辛煮

◎材料 ［2人分］

油揚げ …… 1枚

たれ

- しょうゆ …… 小さじ1
- 日本酒 …… 大さじ½
- 砂糖 …… 大さじ½
- みりん …… 大さじ½
- 水 …… 大さじ4

◎つくり方

1. 油揚げは5㎜幅に切る。
2. 鍋にたれの材料を入れて中火にかけ、沸いたら油揚げを加えて、焦げないように時々混ぜながら2分、汁けがほぼなくなるまで煮る（写真）。

バターのリッチな風味が燗酒を誘う

にんじんとくるみのみそきんぴら

◎材料　[2人分]

にんじん …… 1本
くるみ（無塩）…… 10g
たれ
　みそ …… 大さじ1
　日本酒 …… 大さじ1
　みりん …… 大さじ1
　砂糖 …… 小さじ1
米油 …… 大さじ1
バター …… 10g

◎つくり方

1 にんじんはマッチ棒くらいの細切りにする。くるみは包丁の背でたたいて砕く。たれの材料をよく混ぜ、みそを溶いておく。

2 フライパンに米油を入れて中火で熱し、にんじんを2分ほど炒める。

3 しんなりとしてきたら、くるみ、たれを加えてひと混ぜし、照りが出たら仕上げにバターをからめてしっかりなじませる（写真）。

疲れた日は、悩まず
刺身コーナーに直行です
のりこ
混ぜるだけですぐ出来る
素晴らしき晩酌のアテ！
ジュンイチ

③ パート

お刺身パックは、晩酌の良き相棒。なんてったって、買ってすぐに食べられるのが便利です。わさびとしょうゆでいただいても、もちろんおいしいのですが、ここでオススメしたいのが、家庭によくある調味料を使ったアレンジです。スパイスやオイルなどと一緒にあえれば、いつものお刺身パックが大変身。野菜の彩りも加わって、食卓がにぎやかになりますね。たとえば、まぐろの切り落としをからしとしょうゆで和えれば、ピリッと辛味がアクセントになって杯がさらに進みます。自由な発想で調味料を組み合わせてみると、お刺身の新たな可能性に出合えるかもしれませんよ。

刺身に
ひと手間で
酒どろぼう。

キリッときかせた
からしがいい仕事！

MAGURO

鮪

まぐろとクレソンのからしあえ

◎材料 ［2人分］

まぐろの切り落とし（刺身用）
…… 120g
クレソン …… 3〜4本
たれ
しょうゆ …… 小さじ1
からし …… 少々
にんにく（すりおろし）…… 少々

◎つくり方

1 クレソンは葉を摘んで、茎はそぎ切りにして、器にこんもりと盛りつける。

2 たれの材料を混ぜ合わせ、まぐろとあえる。クレソンの上に盛りつけて、混ぜながらいただく。

たいの塩昆布オイルあえ

◎材料 [2人分]

たい（刺身用）…… 12切れ（80g）
塩昆布 …… 大さじ2
たまねぎ …… ¼個
オリーブ油 …… 小さじ2
わさび …… 小さじ½

＊たいの他、すずきやいさきなど白身魚はなんでもOK。

◎つくり方

1 たいに塩昆布をあえて、5分ほどおいてなじませる。

2 たまねぎはスライサーで極薄切りに。水にさらした後、しっかり水けをきる。

3 **2**のたまねぎをオリーブ油とわさびであえ、**1**のたいを加えてなじませる。

瞬間昆布〆で
白身の旨味倍増

鯛 TAI

ごまぶり

◎材料 ［2人分］

ぶり（刺身用）…… 8切れ（120g）
ごまだれ
- しょうゆ …… 大さじ1
- みりん …… 大さじ½
- すりごま（白）…… 大さじ½
- 練りごま（白）…… 大さじ½

◎つくり方

ごまだれの材料を混ぜ合わせて、ぶりにからめる。冷蔵庫で30分ほどおくと味がなじんでさらにおいしい。

博多の郷土おつまみを
簡単アレンジ

鰤
BURI

青唐辛子の
鮮烈な辛味が
アクセント

鯵 AJI

あじときゅうりと青唐の酢のもの

◎材料 [2人分]

あじ(たたき・刺身用)…… 60g
きゅうり …… 1本
塩 …… 小さじ¼
青唐辛子(生)…… ½本
たれ
　酢 …… 大さじ1
　薄口しょうゆ …… 大さじ1
　みりん …… 大さじ1
炒りごま(白)…… 少々

◎つくり方

1 きゅうりは薄い輪切りにして塩でもみ、10分ほどおいた後、水けをしっかりしぼる。青唐辛子は小口切りにする。

2 たれの材料を混ぜ合わせ、あじときゅうり、青唐辛子を加えてなじませる。器に盛りつけ、炒りごまをふる。

レモンをきかせて、
トマトたっぷり

TAKO

蛸

たこぶつ サルサ風

◎材料 [2人分]

ゆでだこ(刺身用・ぶつ切り)
…… 100g
サルサソース
ミニトマト …… 10個
香菜 …… 1本
レモン汁 …… 大さじ1
オリーブ油 …… 大さじ1
塩 …… 小さじ$\frac{1}{3}$

◎つくり方

1 ミニトマトは半割りに、香菜はみじん切りにする。

2 サルサソースの材料をすべて混ぜ合わせ、たこを加えてなじませる。アボカドを加えてボリューム増しにしても。

ゆでいかのパセリソース

烏賊

IKA

◎材料 ［2人分］

ゆでいか …… 100g

パセリソース

- パセリ …… 1本
- 粉チーズ …… 大さじ1
- にんにく（すりおろし） …… 小さじ1/2
- オリーブ油 …… 大さじ2

◎つくり方

パセリをみじん切りにして、パセリソースの材料を混ぜ合わせ、ゆでいかを加えてなじませる。

腹もちがいい

満腹＆満足おつまみ

かつおとキムチのなめろう

◎材料　[2人分]

かつお（刺身用）……　5切れ（100g）
キムチ……50g
ごま油……大さじ½
コチュジャン……小さじ1
えごまの葉（お好みで）……適量

◎つくり方

1 かつおとキムチはみじん切りにする。
2 すべての材料を混ぜ合わせる。お好みでえごまの葉に包んでいただいても。

同じ色の食材は相性がいい法則！

鰹
KATSUO

KATSUO

鰹

かつおとゴーヤーのしょうがマリネ

脱！しょうゆとわさびで新感覚

◎材料　[2人分]

かつお（刺身用）
……6切れ（120g）
ゴーヤー……½本
米油……大さじ1
しょうが（すりおろし）
……小さじ1
塩……適量

◎つくり方

1 ゴーヤーはスライサーで薄切りにする。スライサーがなければ包丁でごく薄切りに。塩少々で塩もみをして、水けをしっかりしぼる。

2 かつおとゴーヤーを米油としょうがであえ、塩で味を調える。

パート④

ご飯をつまみに、日本酒を楽しむ。それがお米好きの最高の飲み方です。居酒屋であれば、締めのメニューとして並ぶお米の料理。でも、自由気ままな晩酌ならば、お米のつまみをぜひ試してほしい！　お米から生まれた日本酒が、お米に合わないわけがありませんからね。おむすびだったら、ちょっと小ぶりな食べ切りサイズがベスト。海苔巻きならば、太巻きよりも細巻きで。ご飯の温度は熱すぎず、ちょっとぬるいぐらいがちょうどいい。強めの塩気も大事なポイントです。人肌に温めた燗酒に合わせれば、お米の甘さとお酒の旨味が重なり合って、ここはもう極楽です。

我らイチオシの
日本酒の味わい方
ジュンイチ
ご飯は〆じゃなくて
最高のつまみです
のりこ

米で呑む。

お酒を飲みながら、ふた口くらいで
食べられるサイズがちょうどいい。
海苔は水分が加わると旨味成分がアップ。
しっとりした海苔の風味で、お酒がすすみます。

小ぶりでころん、つい手がのびる

アテな白むすび

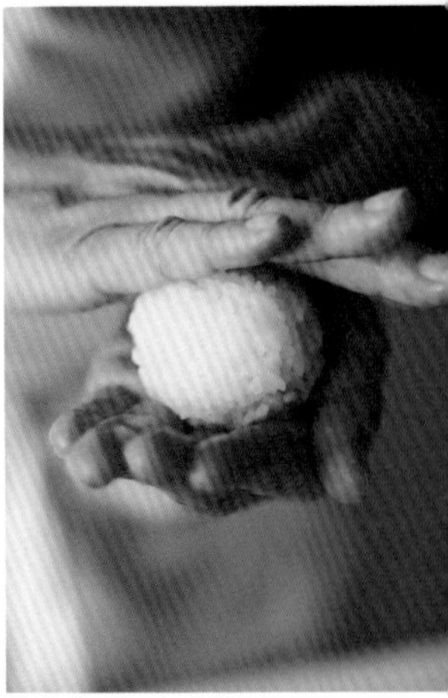

◎つくり方

たらことごま油を混ぜて具をつくる。手に塩をふり、ご飯をのせる。中央にくぼみをつくって、具を詰めて丸める。さらにたらこをおむすびの上にちょこんとのせても。

◎材料 ［1個分］

ご飯 …… 40g
たらこ …… 小さじ1
ごま油 …… 小さじ½
塩 …… 少々

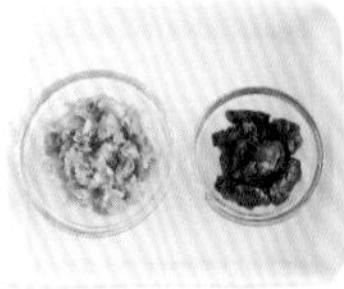

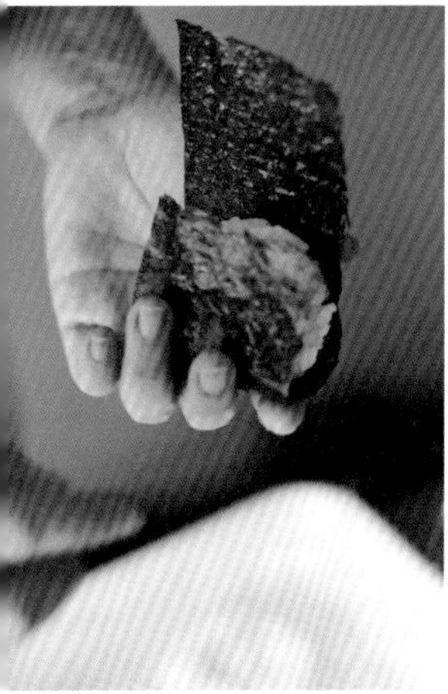

アテな黒むすび

ダブルの海苔使いで風味よし

◎つくり方

海苔の佃煮とわさびを混ぜて具をつくる。手に塩をふり、ご飯をのせる。中央にくぼみをつくって具を詰めて丸め、海苔で巻く。

◎材料 ［1個分］

ご飯 …… 40g
海苔の佃煮（市販品）…… 小さじ2
わさび …… 少々
焼き海苔 …… 適量
塩 …… 少々

お米で〆ない。これぞ、ごはん同盟らしい、日本酒のおつまみ！ 純米酒をぬる燗にして合わせるとたまりません！

京都旅行で好きになった棒寿司と日本酒コンビ。
家でもつくれるよう、市販のしめさばを
ラップで包むだけの簡単レシピを考案しました。
ご馳走感があるので、ハレの日の晩酌に。

しめさばの棒寿司

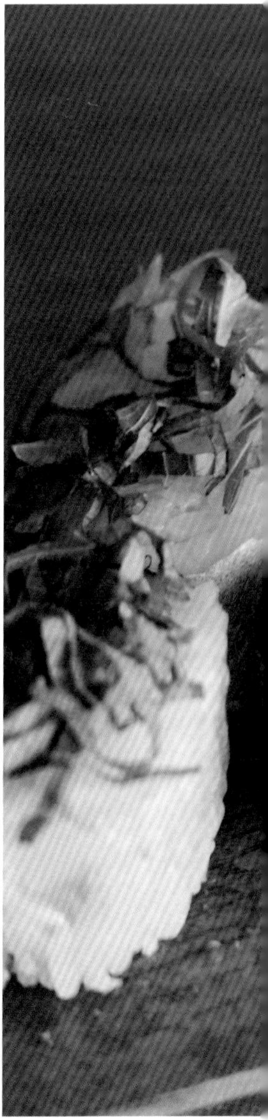

◎材料　[2人分]

しめさば …… 1枚
炊きたてのご飯
　…… 110g (1/3合分)
すし酢
　酢 …… 大さじ½
　砂糖 …… 小さじ1
　塩 …… 少々
みょうが …… ½本
炒りごま (白) …… 小さじ½
青じそ (千切り) …… 2枚

◎つくり方

1 すし酢の材料を合わせ、細かくみじん切りにしたみょうがを漬ける。鮮やかなピンク色になったらOK。

2 炊きたてのご飯に1をすし酢ごと加えて混ぜ、うちわであおぎ、照りが出てきたら炒りごまを加え、混ぜ合わせて酢めしをつくる。

3 まな板の上にラップを広げ、水けをふいたしめさばを皮目を下にして置く。その上に酢めしをのせる。

4 ラップで包み、そのまま1時間ほどおいてなじませる。ラップごと食べやすい大きさに切り分け、青じそをのせていただく。

さっぱりとした酢飯がキレのよいスパークリングと相性よし。人が集まる場に持っていくと必ず喜ばれるメニューです。

細巻きは、太巻きより断然つまみ感あり！
ポイッと手でつまめば、ごきげんな晩酌に。
きゅうりや漬け物を巻くだけでも十分。
忙しいときは、ご飯で巻いてもいいんです。

トロしば巻き

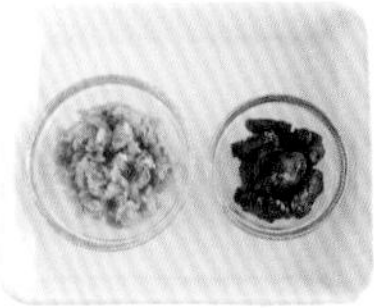

◎材料　[2本分]

酢めし …… 160g
具材
まぐろのすき身 …… 60g
しば漬け（細かく刻む）…… 30g
焼き海苔（全形）*…… 1枚

＊焼き海苔は縦半分に切る

天丼巻き

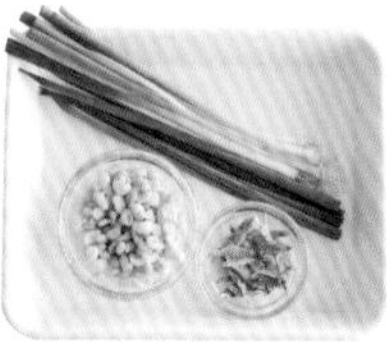

◎材料　[2本分]

酢めし …… 200g
具材
天かす …… 大さじ4
桜海老 …… 大さじ1
めんつゆ（3倍濃縮）…… 大さじ1
細ねぎ（小口切り）…… 大さじ1
焼き海苔（全形）*…… 1枚

◎つくり方

1

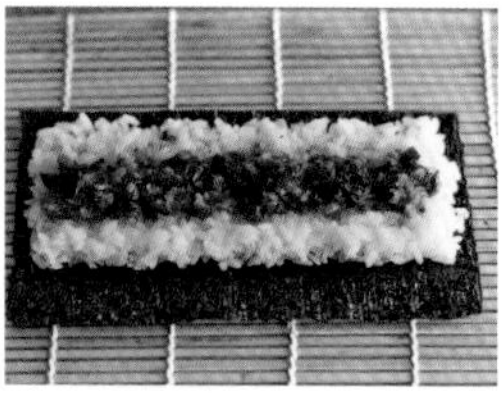

[トロしば巻き] 巻きすに海苔を横長に置き、半量の酢めしをのせる。海苔の手前と向こう側を1.5cmずつあけて、平らに広げたら、酢めしの中央に具材を均一にのせる。

[天丼巻き] 酢めしとすべての具材を混ぜ合わせる。トロしば巻きと同じ要領で、巻きすに海苔を置き、具材を混ぜた酢めしを半量のせる。

2

巻きすで一気に巻き、巻き終わりを下にする。同様にもう1本つくる。

3

包丁の刃先をぬれぶきんでふいて湿らせながら、6等分に切り分ける。

◎酢めしのつくり方（一合分）

酢大さじ1と½、砂糖大さじ1、塩小さじ½をよく混ぜ合わせ、すし酢をつくる。大きめのボウルに炊きたてのご飯一合（330g）を入れ、すし酢を全体に回しかけ、サッと切るように混ぜたあと、うちわであおぐ。混ぜるとあおぐを交互に3回繰り返し、米粒にツヤが出たらOK。余った酢めしは冷凍可。

細巻きの具材は何を巻いてもOK。バラエティー豊かな具材も、おだやかな純米酒と合わせれば、すべて丸くおさまります。

まぐろとしば漬けの絶妙な組み合わせ
ひと口サイズのまるで天丼！

たことアンチョビのバター炒めを
ご飯に混ぜるだけの簡単たこめし。
カリッとあたる粒こしょうがアクセント。
たこの旨味とバターが染みたご飯で呑めます。

洋風たこめし

◎**材料** ［2人分］

ご飯 …… 1合
ゆでだこ（刺身用・ぶつ切り）…… 150g
バター …… 10g
にんにく（みじん切り）…… 1片
アンチョビ …… 3枚
黒粒こしょう …… 小さじ1
塩 …… 少々
ミント …… ひとつかみ

◎**つくり方**

1

フライパンにバター、にんにくを入れて弱火で熱し、香りが立ったらアンチョビをほぐしながら加える。たこと黒粒こしょう加え、軽く炒めたら、塩で味を調える。

2

ご飯に1を加え、ミントといっしょにご飯によく混ぜる。

3

小ぶりなおにぎりにしても、そのまま皿に盛りつけてもお好みで。

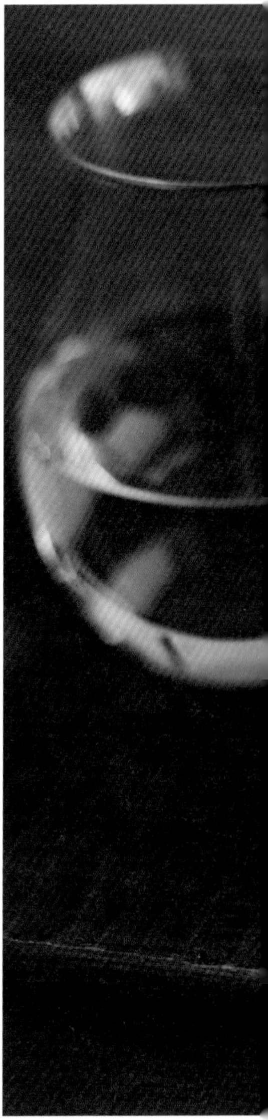

「どうして日本酒に合うんだろう？」と考えていたら、それはバターの力。日本酒の香りがバターのミルク感で際立つのです。

余ったもちの救済レシピのはずが、
おいしすぎて、もちを買い足してしまった、
食べたら止まらなくなるおつまみです。
やみつきになる人続出の人気メニュー！

もちチヂミ

◎材料 ［2人分］

切りもち …… 2個
長ねぎ（小口切り）…… ½本
ちりめんじゃこ …… 大さじ1
炒りごま（白）…… 小さじ1
ごま油 …… 小さじ2
水 …… 大さじ1
酢じょうゆ …… 適量

◎つくり方

1 もちは2等分にしてから厚みを半分に切って、4等分にする。フライパンにごま油を熱し、もちを並べ、水をふりかけたら、長ねぎとちりめんじゃこをのせる。

2 蓋をして、中火で5分加熱する。もちの形が崩れたら、炒りごまをふる。

3 フライ返しで押してなじませて、表面がカリッとしてきたら、ひっくり返して、さらに1〜2分ほど焼いて取り出す。食べやすい大きさに切って、酢じょうゆをつけながらいただく。

キリッと冷やしたお酒を薄手のグラスに注ぎ、アツアツのおもちをひとくち。じゃこの塩気でお酒がさらにすすみます。

ごま油で焼いたもちの
香ばしさがたまらない！

⑤ パート

派手さはないけれど、なぜだか出番の多いおつまみが誰しもあるものです。我が家の場合は、「ピーマン」「いりこ」「卵」が、無限つまみの三大スタメン食材。どれも常備しているものばかりで、思いついたときにパッとつくれるから重宝しています。ピーマンが日本酒に合うと知ったのは、家飲みでいろいろと試したからこそ。パリパリのピーマンに肉味噌を重ねれば、ピーマンの青い香りや苦味がアクセントになって、あー、日本酒が止まりません！自分だけのとっておきのおつまみを見つける楽しみも、ごきげんな晩酌の醍醐味です。あなたの無限つまみは何ですか？

ピーマンの苦味が
たまらん！

のりこ

こりゃこりゃ
お酒がすすむねー

ジュンイチ

日本酒をよぶ無限つまみ。

噛めば噛むほど、
いりこの風味と
旨味が酒をよぶ！

いりこってえらい！
リピート必至の速攻つまみ

いりこナッツ

◎つくり方

1 フライパンに材料をすべて入れ、弱火でじっくり、いりこがカリッとなるまで炒る。いりこが手でポキッと折れたら出来上がり。

2 密閉容器に入れて、常温で1週間保存可能（写真）。

◎材料 ［2人分］

いりこ* …… 20g
ミックスナッツ …… 50g
コリアンダー・シード …… 小さじ1
クミン・シード …… 小さじ1

*いりこは、はらわたと頭のエラを取る（下記参照）。

関西ではいりこ、関東では煮干し

いりこ、またの名を煮干し。西日本では一般的にいりこと呼ばれます。ごはん同盟がいつも使っているのは、いりこの本場、香川「やまくに」の銀付きいりこ。生臭みが少なく、骨や身も柔らかいので、そのまま食べても十分おいしいです。
瀬戸内海でとれたものは、白色で身が柔らかく、まろやかなだしに。日本海や太平洋などでとれたものは、青色で身が固く、しっかりとしただしがでます。
新鮮ないりこは丸ごとでも使えますが、内臓とエラをとってあげるとよりおいしいだしに。具材としても食べやすくなります。

◎いりこのさばき方

1

頭を外し、胴体は背中側から割って2等分に。黒いはらわた（内臓）は取る。

2

余裕があるときのもうひと手間！ つまようじで頭に残っているエラを取り出す。これで頭も余すことなく使える。

3

使うのは、エラを除いた頭、胴体。1袋分まとめてさばいた後、フライパンでじっくり弱火で乾煎りすると酸化を防げるのでおすすめ。煎ったいりこは冷凍保存も可能。

パリパリに炒ったいりこは、日本酒だけでなく、どんなお酒にも合う万能おつまみ。多めにつくって常備してます。

きゅうりといりこの浅漬け

仕込んでおけば
思い立ったらすぐ飲めます

◎材料　［2人分］

いりこ* …… 10g
きゅうり …… 2本
にんにく …… 1片
梅干し …… 1個
塩 …… 大さじ½
水 …… カップ1½

*いりこは、内臓と頭のエラを取る（p79参照）。

◎つくり方

1 水にいりこ、にんにく、塩を入れてひと煮立ちさせ、そのまま冷やす。

2 きゅうりはピーラーで皮を縞目にむいてから、横半分に切る。

3 1にきゅうりと梅干しを入れ、一晩漬ける（写真）。取り出して食べやすく切り、器に盛りつける。冷蔵で3日保存可能。残った漬け汁は余すことなく、野菜スープをつくるのがおすすめ。

いりこの黒こしょうオイル漬け

◎材料　[つくりやすい分量]

いりこ（丸ごと）…… 15g
黒粒こしょう …… 小さじ1
にんにく …… ½片
米油 …… ½カップ
塩 …… 小さじ2

◎つくり方

にんにくを薄切りにする。フライパンに材料をすべて入れて弱めの中火で熱し、3分加熱したらそのまま冷ます。

いりこの実山椒オイル漬け

◎材料　[つくりやすい分量]

いりこ（丸ごと）…… 15g
実山椒 …… 大さじ1
にんにく …… ½片
米油 …… ½カップ
塩 …… 小さじ2

◎つくり方

にんにくを薄切りにする。フライパンに米油と塩、にんにくを入れ、弱火で熱して塩を溶かす。いりこと実山椒を加え、細かい泡が出てきたら火を止めてそのまま冷ます。

いりこオイルもお役立ち

密閉容器に入れて、常温で1週間保存可。残ったオイルは、いりこの旨味や香ばしさを含んだ香味オイルに。パスタや焼きそば、チャーハン、炒めものに使うと、風味が増しておいしさもアップ！

いりこと
ズッキーニのカレー

◎材料　[2人分]

いりこ* …… 20g
ズッキーニ …… 1本
たまねぎ …… ¼個
にんにく …… 1片
しょうが …… 1片
青唐辛子 …… ½本

オリーブ油 …… 大さじ2
トマトの水煮 …… 100g
カレー粉 …… 小さじ1
塩 …… 小さじ¼
水 …… 1カップ

*いりこは、内臓と
頭のエラを取る（p79参照）。

◎つくり方

1
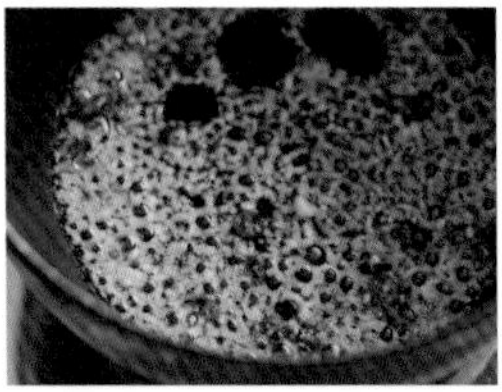

ズッキーニは1cm幅に、たまねぎ、にんにく、しょうが、青唐辛子はみじん切りに。フライパンにオリーブ油、にんにく、しょうが、青唐辛子を入れて弱火で炒める。ここでにんにくを焦がさないように注意！

2

香りが立ったら、たまねぎ、いりこを加え、中火でたまねぎがしっとりするまで炒める。

3

ズッキーニ、トマトの水煮、カレー粉を加え、からめながら炒めたら、水を注いで5分ほど煮る。仕上げに塩で味を調えたら出来上がり。ご飯にのせて〆カレーにしても。

いりこだしがじんわり染みた
野菜カレーの具がおつまみ

カレーの辛味を、どぶろくの酸っぱさが和らげてくれるんです。辛さと酸っぱさの連続でお酒もエンドレス！

韓国風牛肉と大根のスープ

たった4尾の存在感！
だしがらも酒のアテです

◎材料 ［2人分］

牛切り落とし肉 …… 120g
大根 …… 200g
長ねぎ …… 5cm
いりこ* …… 4尾
昆布 …… 5cm
水 …… 3カップ

下味
にんにく（すりおろし）…… 少々
しょうゆ …… 大さじ1
ごま油 …… 大さじ1
塩 …… 少々
一味唐辛子 …… 適量

*いりこは、内臓と
頭のエラを取る（p79参照）。

◎つくり方

1

鍋にいりこと昆布、分量の水を入れ、20分ひたしてだしをつくる。牛肉に下味をしっかりともみ込む。大根は短冊切りに、長ねぎは斜め薄切りにする。

2

鍋にごま油を熱し、牛肉と大根を中火で1〜2分炒める。肉に火が通ったら1のだしをだしがらごと注ぐ。

3

ひと煮立ちしたら長ねぎを加えて、アクをとりながら5分ほど煮る。塩少々で味を調えたら器に盛り、一味唐辛子をふっていただく。

旨味たっぷりのおつまみスープには、同じく複雑な旨味の燗酒を合わせたいですね。身体の芯からポカポカ！

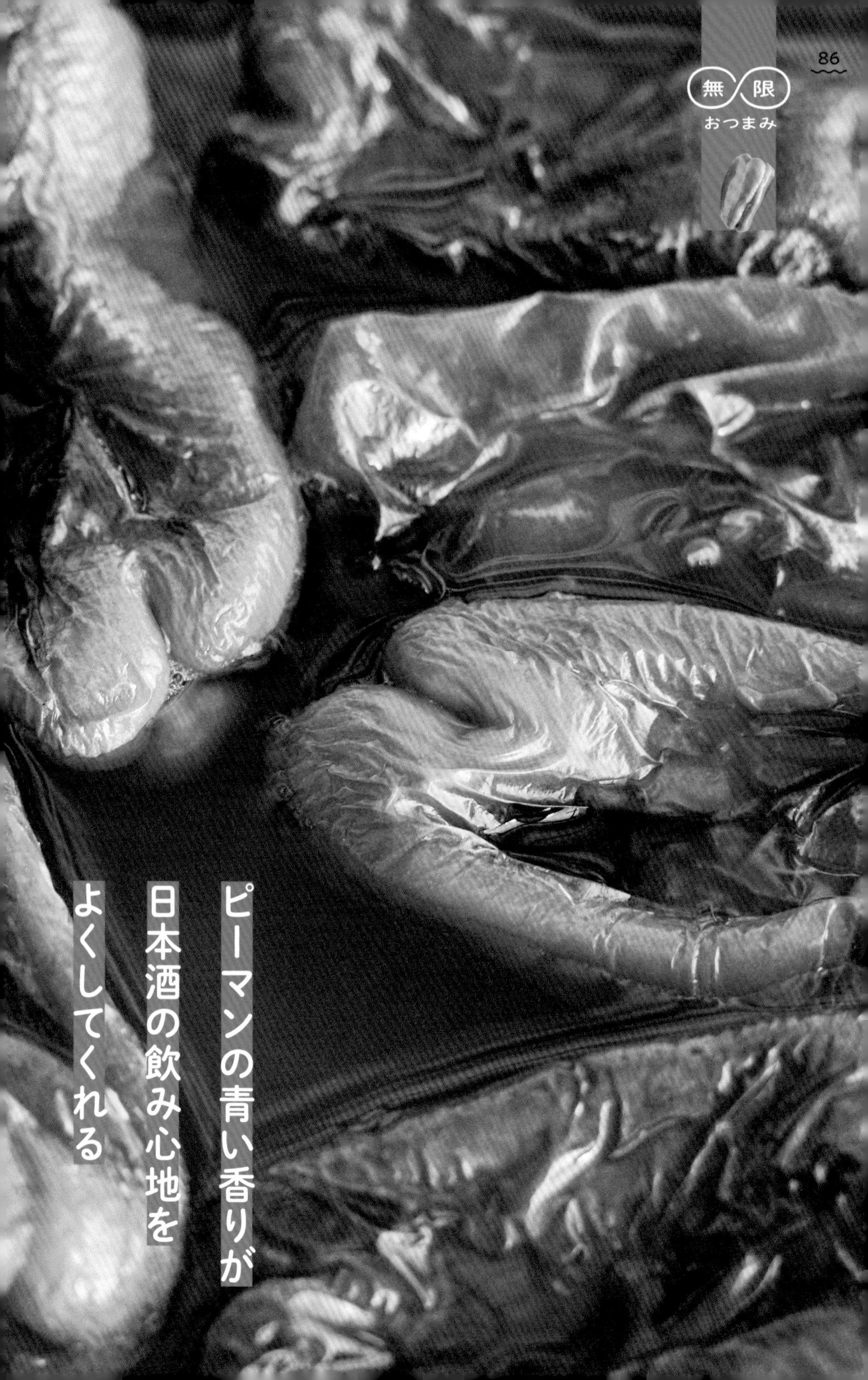

ピーマンの青い香りが
日本酒の飲み心地を
よくしてくれる

丸ごとかぶりつけば
種もへたも甘くておいしい

丸焼きピーマンのおひたし

◎つくり方

1 ピーマンは丸ごと魚焼きグリルに並べ、中火で10分、焼き目がつくまでしっかり焼く(写真)。

2 合わせたつけ汁に1を漬けてよくからめる。器に盛りつけ、削り節をのせていただく。

◎材料 [2人分]

ピーマン …… 6個
つけ汁
　だし …… ½カップ
　薄口しょうゆ …… 大さじ1
削り節 …… 適量

苦味が強いピーマンも、まんべんなく焼くことで苦味が和らぎますよ。キリッと冷やした冷酒と合わせましょう。

まるでハンバーグ?!な佃煮が
ピーマンにハマる！

パリパリピーマンとハンバーグ佃煮

◎材料　[つくりやすい分量]

ピーマン …… 4個
合いびき肉 …… 150g
塩 …… 小さじ1/4
たまねぎ（みじん切り）…… 1/2個

たれ
- ケチャップ …… 大さじ3
- 赤ワイン …… 大さじ3
- 中濃ソース …… 小さじ1

ナツメグ …… 少々

◎つくり方

1
ハンバーグ佃煮をつくる。フライパンに合いびき肉、塩を入れて中火で炒める。2分ほどして脂が透明になったら、たまねぎを入れ、炒め合わせる。

2
たれの材料を加えてさらに1分ほど炒めて、水分がなくなったら最後にナツメグを加える。密閉容器に入れて冷蔵庫で4〜5日保存可。

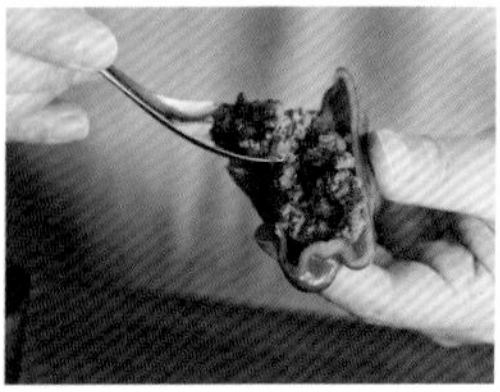

3
ピーマンは半割りにして種を取る。氷水でキンキンに冷やすと食感がパリッと仕上がる。器に盛りつけ、ピーマンにハンバーグ佃煮をのせていただく。

ピーマンで包んでも、そのまま食べてもおいしいハンバーグ佃煮。味わい豊かな熟成酒に合わせてみるのもいいですよ。

みずみずしさをプラスして、
目にも鮮やかな一品に

ピーマンの
いかワタ炒め

◎材料　［2人分］

ピーマン …… 2個
いか …… 1杯
オリーブ油 …… 大さじ1

いかワタソース
- しょうが（すりおろし）…… 小さじ1
- みそ …… 大さじ½
- みりん …… 大さじ1
- 日本酒 …… 大さじ1

◎つくり方

1

ピーマンは種ごと1㎝幅に切る。いかは胴と足を切り離し、ワタを取り出す。足は4等分にし、胴は1㎝幅に切る。ワタの中身をしごき出し、ソースの材料と混ぜ合わせておく。

2

フライパンにオリーブ油を熱し、強火でピーマンといかをサッと炒める。

3

いかの色が変わったら、1のソースを加えて混ぜ、しっかりからめる。

複雑な旨味のいかワタソースには、ぬるめの燗酒を合わせたい。いかと日本酒は、どんな時代でも相思相愛です。

ふわっととろける卵が、
日本酒を
やさしく包みこむ

ナンプラーと青唐辛子で
エスニックなテイストに

しらすと青唐辛子のスクランブルエッグ

◎材料 ［2人分］

卵 …… 2個
しらす …… 20g
青唐辛子 …… 1本
ナンプラー …… 小さじ1
米油 …… 大さじ1

◎つくり方

1 卵にしらすとナンプラーをよく混ぜておく。青唐辛子はみじん切りにする。

2 フライパンに米油と青唐辛子を入れて中火で熱し、1を流し入れる（写真）。

3 ひと息おいてから、へらで大きく混ぜて、全体がとろりとしたら火を止めて器に盛りつける。

朝ごはんの定番・スクランブルエッグも、青唐辛子の辛味で立派なおつまみに。ご飯のようなおだやかなお酒が合いますね。

ベーコンエッグ
カルボナーラ風

目玉焼きをつつきながら、
チビチビやるのが正しい食べ方！

◎つくり方

1 にんにくは薄切りに、ベーコンは5㎝幅に切る。黒粒こしょうは包丁の背や瓶を使って砕く。

2 目玉焼きをつくる。フライパンにオリーブ油をひいて、卵を割り入れてミディアムに焼き（写真）、器に取り出す。

3 続いて、にんにく、ベーコンを弱火で熱し、カリッとしたら目玉焼きにのせる。砕いた黒粒こしょう、粉チーズをふりかけて、崩した黄身にからめながらいただく。

◎材料 ［2人分］

卵 …… 1個
ベーコン …… 2枚
にんにく …… 1片
オリーブ油 …… 大さじ1
黒粒こしょう …… 少々
粉チーズ …… 大さじ1

福岡のおでん屋で出合った
熱々のやさしい酒のアテ

だし巻き卵のおひたし

◎つくり方

1 卵液、つけ汁の材料をそれぞれ合わせる。

2 卵焼き器に薄く米油をひいて、弱めの中火で熱し、卵液の1/4量を流し入れ、手前から巻く。これを4回繰り返してだし巻き卵をつくる。

3 **2**を熱いうちにバットに用意したつけ汁に置いて、スプーンで汁を上からかけて(写真)満遍なくひたす。

◎材料 [2人分]

卵液
- 卵 …… 4個
- だし汁 …… 大さじ1
- 砂糖 …… 大さじ1
- 青ねぎ(小口切り) …… 1本

つけ汁
- だし汁 …… 1/2カップ
- 薄口しょうゆ …… 大さじ1

米油 …… 適量

揚げ卵
ニラじょうゆ

カリッと揚げた白身に
とろける黄身をからませて

◎材料　[2人分]

卵 …… 2個
ニラじょうゆ
- しょうゆ …… 大さじ1
- ニラ …… $\frac{1}{4}$本

揚げ油 …… 適量

◎つくり方

1

ボウルに卵を1個割り入れておく。みじん切りにしたニラとしょうゆを混ぜてニラじょうゆをつくる。揚げ油を170℃に熱したら、卵をそっと入れる。菜箸で形を整えながら、割れないようにひっくり返す。

2

白身が全体に固まったら、取り出す。黄身は半熟の仕上がりに。もう1つの卵も同じように繰り返す。

3

器に盛りつけ、1のニラじょうゆをかけて、白身を黄身にからめながらいただく。

半熟の黄身が固まらないアツアツのうちに召し上がれ。あったかい料理には、あったかい燗酒が合いますよ。

ごはん同盟の日本酒の楽しみ方

文・シライジュンイチ

日本酒のはなし

2本買いのススメ。

日本酒を買うときは、酒屋さんの冷蔵ケースの前でウンウンと悩みながら選ぶスタイル。だいたい決まって四合瓶を2本買っています。飲んでみたい銘柄がたくさんあって、1本に絞りきれないというのが、その理由なんですけどね。フレッシュな生酒を選んだら、もう1本はお燗向きの火入れの純米酒。フルーティーなタイプを選んだら、もう1本はおだやかなタイプ……というように、味わいや製法が異なるものを選ぶようにしています。購入した2種類のお酒を飲み比べながら晩酌をしてみると、日本酒と料理の相性がだんだんとわかってきますよ。片方がいまいちでも、もう1本との組み合わせが抜群！　なんてこともよくありますからね。

「要冷蔵」か否か、それが問題だ。

買ってきた日本酒は、購入した酒屋さんの売場と同じ条件で保存しています。冷蔵ケースに入って売られていたなら、自宅でも冷蔵庫で。常温の棚にあったなら冷蔵庫に入れなくてもよいけれど、できるだけ温度変化の少ないクローゼットや押入れにしまっています。ラベルに「生《なま》酒《ざけ》」「生詰《なまづめ》」「生貯蔵」と書いてあるものは、お酒の味わいが変化しやすいので必ず冷蔵庫で保存。日本酒を買うとき、その銘柄が「要冷蔵」かどうかは、とても大事。自宅の冷蔵庫の空きスペースのことを考えなきゃいけませんからね。日本酒専用の冷蔵庫があればよいのでしょうけれど、もっとお酒を買ってしまいそうで危険……。

日本酒は、買ったその瞬間が飲みごろ。

日本酒を買ったら、要冷蔵のお酒なら開栓して1週間ぐらい、常温保存ができる火入れのお酒なら1ヶ月ぐらいで飲み切るのが、我が家の晩酌スタイルです。秋から冬にかけて酒蔵で造られた日本酒は、春にはフレッシュな新酒として、夏にはスッキリとした夏酒として、秋には旨味がのったひやおろしとして、ベストなタイミングで出荷されています。酒屋さんの店頭に並ぶ日本酒は、飲んでおいしい時期になったものばかりなので、買ったらできるだけ早く飲むのが、日本酒をおいしく味わう秘訣です。日本酒は最適な環境で保存していても、少しずつ味わいが変化していくので、飲みごろを逃さないようにしたいですね。

旅先で日本酒を買う楽しみ。

旅はそれまで知らなかった新しい日本酒と出合える絶好の機会です。行き先が決まったら、まずはそのエリアにある酒蔵と銘柄名を下調べしておいて、旅先の居酒屋で日本酒を頼むときは、まだ飲んだことのない地元の銘柄を積極的に選ぶようにしています。その土地のおいしい料理とおいしい地酒をいただけば、その旅の記憶は強く、いつまでも残ります。たとえば、福井の「早瀬浦《はやせうら》」や兵庫の「龍《たつ》力《りき》」、愛媛の「石鎚《いしづち》」などは、旅先で初めて飲んでファンになった銘柄です。気に入った日本酒があれば地元の珍味といっしょに買い求め、自宅に戻って旅を思い出しながら、もう一杯。日本酒を好きになってから、旅の楽しみがさらに増えました。さて、次はどこへ行こうかな？（何が飲めるかな？）

酒器のはなし

燗酒は平盃、冷酒はストレート型のグラス。

我が家の酒器のフロントメンバーをご紹介します。まずはグラスチームから。冷酒には縦長のストレート型。このタイプは香りがあまり広がらずにスッキリと味わえます。香りを楽しみたいときは、口が狭まった小ぶりのワイングラス。ステムのないワイングラスは、ソーダ割りをするときにぴったりです。白磁チームのエースは、背の高いおちょこ。酒器選びに迷ったら、だいたいこれを選んで飲んでいます。お酒が舌の上にスムーズに広がっていく平盃《ひらはい》は、お酒の複雑な旨味を感じやすくなるので燗酒向きですね。ぼってりとしたぐいのみは、純米酒を常温で飲むときに。一升瓶から注いでも様になるかわいいやつです。

どんな料理にもよく合う、白磁の酒器。

レシピページでもご紹介している通り、ごはん同盟の晩酌のおつまみは、和食に限らず、洋食や中華、エスニックと、なんでもありの普通のおかずばかり。気軽に楽しみたい晩酌で和柄や染付の酒器を合わせると、なんだかかしこまった感じになってしまうんですよね。そこで、つい買い求めてしまうのが白磁の酒器。ニュートラルで無国籍な雰囲気が、どんなジャンルの料理にも合うんです。徳利、ぐいのみ、おちょこ、平盃と、白磁のものが少しずつ増えてきました。透明感のある優しい乳白色と滑らかな手触り。使いやすくて、シンプルな酒器だからこそ、毎日使っても飽きずに、お酒と向き合えている気がします。

厚手のワイングラスがお気に入り。

「日本酒の味わいは、酒器の形によって変わる」と言われていますが、普段の晩酌なら難しいことは考えずに、いつもの酒器をサッと取り出して、グイッといきたいものです。我が家で一番出番が多い酒器は、厚手のグラスとそばちょこです。この厚手のグラスは、ワイン用につくられたもの。グラス全体が重厚でしっくりと手になじみ、ワイン以外にも、日本酒やビールなど、どんなお酒を注いでも様になるので気に入っています。そばちょこは、お酒をたっぷりと注ぐことができるので、常温のお酒や燗酒をゆっくりと楽しむときに重宝しています。おちょこや平盃でなくても、日本酒は何で飲んでもよいのです。

竹かごに入れて、ひとまとめに。

酒器を食器棚のあちこちにバラバラにしまっておくと、「今日はあの酒器で飲みたいな」というときに探すひと手間がかかります。そこで考えたのが竹かごを使った収納です。我が家では、出番の多い酒器はカゴの中にひとまとめにして、ダイニングテーブルのそばに置いています。白磁の徳利《とっくり》に錫《すず》のちろり。白磁のおちょこや曲げわっぱのぐいのみ、沖縄のやちむん、そして、手吹きのグラス。これらが定番の晩酌セット。ちょっと飲みたいなと思ったらサッと取り出して、すぐに飲めるのがうれしいですね。友人たちが遊びに来てくれたときには、「この中から好きな酒器を選んで！」と伝えると、とても盛り上がりますよ。

徳利の肩まで浸かると、燗酒はおいしくなる。

燗酒の面白みは、日本酒の複雑なうまみを感じられること。お燗の付け方にはいろいろなやり方がありますが、我が家では、ステンレス製のキッチンツールスタンドを使って、お燗をつけることが多いです。深さがあって、徳利の肩までお湯がしっかりと浸かるのがポイント。日本酒を注いだ徳利やちろりをキッチンツールスタンドの中に置き、沸騰したお湯を注ぎます。お湯に浸す時間はお好みですが、だいたい2~3分ぐらい。温度を上げ過ぎるとお酒の香りが飛んでしまうので、少しずつ味見をしながら温度の上がり具合を確認しています。味見をしすぎて、台所でいい気分になっちゃうこともよくあるんですけどね。

燗酒の適温は、心地よい温度。

燗酒で大事なのは、「あ、これはおいしい!」と、自分が心地よいと感じる温度帯を見つけることです。35~40度を「人肌燗」、40~45度を「ぬる燗」なんて呼んだりしますが、これらの呼び名を覚えなくても、楽しむことは十分にできます。ゆっくり温度を上げていっておいしくなることもあれば、一気に温めたり、冷めていく途中でおいしくなったりすることがあるのが、燗酒の面白いところ。多少温度がぶれたとしても、燗酒はだいたいおいしいので安心してください。純米酒はもちろん、大吟醸やにごり酒などをお燗にしてもおいしいですよ。いろんなお酒を気兼ねなく燗酒にできるのが、家飲みのよいところ。

ビーカーで燗酒、略して「ビー燗」。

燗酒をもっと気軽に楽しみたいのであれば、電子レンジを使って日本酒を温めるのもよいですよ。我が家では、耐熱ガラス製のコニカルビーカーを使って、燗酒をつけています。注ぎ口もあり、そのまま酒器としても使えてとても便利です。コニカルビーカーに日本酒100㎖を注ぎ、150Wの電子レンジで2分ほど加熱。低出力モード（もしくは解凍モード）で温めると、日本酒の温度が一気に上がらず、香りも飛びづらくなり、味わいもおだやか。ビーカーを取り出したら軽く振り、温度のムラをならすと、人肌よりちょっと温かい燗酒ができあがります。燗酒を一杯だけすぐ飲みたいなんて気分のときにぴったりです。

温度のはなし

冷酒にも飲みごろの温度があるんです。

冷蔵庫でキンキンに冷やした日本酒のボトルを取り出し、グラスに注いで飲んでみると、「あれ、いまいちだな？」と感じるときが、たまにあります。冷酒はスッキリとしていて飲みやすいのですが、スッキリ&おだやかタイプのお酒は、冷やしすぎると甘味や香りが感じづらくなるんですよね。そんなときは少し室温に慣らしてから飲むと、ふくよかな香りやコクのある味わいを感じられるようになります。逆にフルーティー&ジューシータイプのお酒なら、できるだけ冷たい温度で飲むのがオススメ。食卓で飲むときは、ワイン用のアイスクーラースリーブなどを使うと、ボトルの温度上昇を抑えられるので便利ですよ。

晩酌を楽しむための ごきげんな日本酒選び

日本酒の選者&解説・白土暁子(IMADEYA)

ごはん同盟の2人がお酒の師匠とあおぐ、酒販店「IMADEYA」の白土暁子さん。お酒好きが高じて意気投合。飲み歩いたり、酒旅をしたり、家が近いということもあって、3人でごきげんな晩酌をすることもたびたび。そんな白土さんと考えた日本酒とおつまみの合わせ方。晩酌をもっと身近に、もっと気軽に楽しむためのヒントが満載です。

日本酒を選ぶときに、何を基準にしたらいいですか?

暁子　まず、日本酒の種類は大きく分けて、純米酒か醸造アルコールを添加しているお酒か。さらに精米歩合と呼ばれる米の磨き具合によって吟醸、大吟醸とランクが分かれています。

ジュンイチ　昔は米を磨けば磨くほど綺麗な味わいになると言われていましたが、最近のお酒は磨いたからといって、スッキリした味わいになるとは限らないですよね。

ごはん同盟のおつまみは
お酒がすすみます

白土暁子

白土暁子●「IMADEYA」営業企画部。千葉に本店を構え、銀座や錦糸町、清澄白河にも店舗を展開している酒販店「IMADEYA」の目利きとして活躍。日本各地の造り手のもとを訪ね、食や工芸にも精通し、仕入れのほか、イベントの企画も多数手がける。

暁子　そうなんです。技術も進化しているので、昔ほど吟醸か大吟醸の区別がなくなりました。とはいえ、価格はランクによってほぼ決まっているので、晩酌用には純米酒か純米吟醸酒で十分です。

ジュンイチ　ご飯のおかずをつまみに飲むなら、本醸造もいけますよ。

暁子　そうそう、本醸造はリーズナブルで、すっきり軽い飲み口なので晩酌におすすめです。

のりこ　実家の晩酌酒は、新潟の「朝日山」の本醸造。飲み口がよくて、燗酒にするといくら飲んでも二日酔いしないんです。「剣菱《けんびし》」や「菊正宗《きくまさむね》」のお燗もリラックスできて幸せ。

フルーティーな日本酒は料理に合わせづらいって本当？

暁子　最近の日本酒では、香りが豊かなフルーティーなタイプが人気ですね。

のりこ　甘酸っぱいお酒って、ごほうび感があって癒されます。でも、最初の一杯にはよいけれど、料理に合わせるのは難しいと思ってました。

暁子　素材を選べば料理にも合います。フルーツや香りの強いハーブを使ったサラダや生もの、フレッシュな食材と相性がいいですよ。

ジュンイチ　日本酒がおいしいと初めて思ったのは、フルーティーな新潟の「たかちよ」。そこから買い始めて、だんだんうちの料理に合わせるならすっきり、おだやかなタイプだなとわかってきた。最近は長野の「真澄」や滋賀の「七本鎗」がお気に入りです。

暁子　まさに私もです。だから、はじめての1本にはフルーティーなタイプをおすすめします。ナチュラルワインやクラフトビールでも最初は飲みやすいタイプから入って、どんどん個性的な味が好きになり、ちょっと飲み疲れて普遍的なものにたどりつく（笑）。

ジュンイチ　この本では、フルーティーなタイプに合うおつまみもいろいろ紹介しています。

のりこ　案外合うものがいろいろあって、発見だったなあ。

ジュンイチ　このタイプはビールと同じで、よく冷やして飲むことが大前提。

しらいのりこ　シライジュンイチ

暁子　温度が上がると甘みがぼんやりしてきますよね。香りがあってもしっかり冷やせば、甘味がすっきりシャープになって料理にも合います。

いつもおつまみに、どんな日本酒を合わせていますか？

のりこ　実は、料理とお酒との相性はあまり考えていなくて、2人でその日に食べたい料理をつくるだけ。お酒選びはいつもジュンイチにおまかせしてます。

ジュンイチ　料理に合わせるというよりその日の気分で飲みたいお酒を選んでます。バチッと決めるペアリングじゃなくて、食べたいものと飲みたいものをざっくり合わせる感じかな。

のりこ　日本酒なら、ワインにありがちな料理とお酒が全然合わないという大事故がおきにくい。どんな料理を合わせてもごきげんになれます（笑）。

酒屋で日本酒を買うとき、どうやって探したらいいですか？

暁子　日本酒を味わい別に「フルーティー」「すっきり」「おだやか」「しっかり」「スパークリング」「どぶろく&にごり」の6タイプに分類すると、選びやすくなりますよ。

ジュンイチ　昨年買った日本酒を数えたら72本（笑）。それを6タイプ別に仕分けしてみたら、すっきり、おだやか、ときどきスパークリング。このローテーションで買っていました。

暁子　今回、撮影で試食しながら、お酒をあれこれ合わせてみたんですが。香りが控えめで、白いご飯をイメージさせるような味わいのおだやかなタイプの日本酒がほんとに合う！

のりこ　ごはん同盟のテーマは「ご飯の友は酒の友」ですから！

暁子　だから、酒屋でどれを選んでいいかわからないときは、「晩酌用のおだやかなタイプの日本酒はどれですか？」と、まず尋ねるといいですよ。

ジュンイチ　どぶろくやスパークリングも、意外と合うので見つけたらぜひ。いろんなお酒を試していくうちに、どんどん晩酌が楽しくなりますよ。

のりこ　ほんとに、いつもごきげんに飲んでるよね。

暁子　6つのタイプ別のおすすめ銘柄も紹介します。晩酌の1本を選ぶ時の参考にしてください。

ジュンイチ　日本酒とおつまみで、みなさんもごきげんな晩酌を！

TYPE 1

フルーティー&ジューシーなタイプ

PICK UP

・仙禽 オーガニックナチュール
[せんきん・栃木]

・風の森 秋津穂 507 無濾過生
[油長酒造・奈良]

NOTE

とりわけ日本酒初心者におすすめのフルーティーで華やかな香りをもつ日本酒。マスカットやバナナなど、まるで果物のような香りやジューシーな甘味を感じる味わいが魅力。ハーブなど香りの強い食材や、果物の酸味や甘みを生かしたおつまみに合います。ワイングラスが◎。

OTHER

- 吉田蔵 u　百万石乃白 [吉田酒造店・石川]
- UGO AURORA [相原酒造・広島]
- 若波　純米吟醸　TYPE-FY2 [若波酒造・福岡]
- 天賦　純米吟醸 [西酒造・鹿児島]
- 一白水成　premium [福禄寿酒造・秋田]
- 加茂錦　荷札酒　黄水仙 [加茂錦酒造・新潟]

TYPE 2

すっきり軽やかなタイプ

PICK UP

・真澄 真朱（AKA）
[宮坂醸造・長野]

・上川大雪 特別純米 彗星
[上川大雪酒造・北海道]

NOTE

軽やかな飲み心地の日本酒。味わいが重くなく、甘みも控えめで、自己主張は強くないのですが、料理の味を陰から支えてくれるような存在感。特にお刺身や野菜料理、塩味などのあっさりした味つけのおつまみに。冷たい温度がよく合います。薄口のグラスや酒器で軽やかに。

OTHER

- 八海山　純米吟醸55% [八海醸造・新潟]
- 伯楽星　特別純米 [新澤醸造店・宮城]
- 富久長　八反草　純米吟醸 [今田酒造本店・広島]
- 日高見　超辛口　純米酒+11 [平孝酒造・宮城]
- 土佐しらぎく　斬辛　火入れ [仙頭酒造場・高知]
- 日日　山田錦　生もと [日々醸造・京都]

TYPE 3

おだやかなタイプ

PICK UP

・にいだしぜんしゅ 純米吟醸
[仁井田本家・福島]

・七本鎗 純米 渡船 77% 火入れ
[冨田酒造・滋賀]

NOTE

ほどよく旨みがありながらもくどくなく、料理と合わせるときに一番汎用性の高い日本酒。あっさり味のものから濃い味のものまで、幅広く、優しく包み込んでくれるような懐の深さがあります。おつまみに合わせる日本酒に迷った時は、このタイプを選ぶと安心です。

OTHER

・**満寿泉　純米** [桝田酒造店・富山]
・**惣誉　生酛仕込　特別純米**
[惣誉酒造・栃木]
・**楽器正宗　純醸** [大木代吉本店・福島]
・**松の司　純米** [松瀬酒造・滋賀]
・**南部美人　特別純米** [南部美人・岩手]
・**神亀　純米** [神亀酒造・埼玉]
・**五凛　純米** [車多酒造・石川]
・**山形正宗　稲造** [水戸部酒造・山形]
・**龍勢　和みの辛口** [藤井酒造・広島]

TYPE 4

しっかり&複雑なタイプ

PICK UP

・シン・ツチダ 生もと 純米90%
[土田酒造・群馬]

・白隠正宗 純米 生もと 誉富士
[高嶋酒造・静岡]

NOTE

中華、スパイス料理や肉料理でも負けないのがこのタイプ。赤ワインが合うような強い味の料理に合わせると、新たな日本酒の魅力が見つかります。菩《ぼ》提《だい》酛《もと》、生《き》酛《もと》や山《やま》廃《はい》と呼ばれる昔ながらの造り方の日本酒に多く、燗酒にすると料理の味わいが一層深まります。

OTHER

・**花巴　山廃純米　熟成　火入**
[美吉野醸造・奈良]
・**天穏　生もと　改良雄町** [板倉酒造・島根]
・**いづみ橋　恵　海老名耕地８０％**
[泉橋酒造・神奈川]
・**不老泉　特別純米　山廃原酒　参年白**
[上原酒造・滋賀]
・**義侠　えにし　特別純米**
[山忠本家酒造・愛知]
・**KINO／帰農** [元坂酒造・三重]

TYPE 5

スパークリング酒

PICK UP

・七賢 スパークリング 山ノ霞 [山梨銘醸・山梨]

・獺祭 純米大吟醸45 スパークリング [旭酒造・山口]

NOTE

どんなタイプのお酒であっても、やっぱり最初はシュワっとした泡が飲みたいもの。最初の一杯にはもちろん、揚げ物やスパイシーな食材と合わせると外しません。出来上がった日本酒に炭酸を注入したタイプと、瓶内二次発酵タイプの2種類のスパークリング酒があります。

OTHER

- **愛宕の松　sparkling** [新澤醸造店・宮城]
- **八海山　あわ　瓶内二次発酵** [八海醸造・新潟]
- **雁木 スパークリング 純米発泡にごり 生原酒** [八百新酒造・山口]
- **水芭蕉　純米吟醸　辛口スパークリング** [永井酒造・群馬]
- **真澄　スパークリング　origarami** [宮坂醸造・長野]

TYPE 6

どぶろく&にごり酒

PICK UP

・とおの どぶろく生もと [nondo・岩手]

・庭のうぐいす 鶯印のどぶろく [山口酒造場・福岡]

NOTE

醪（もろみ）を濾さずにつくるのがどぶろく、荒濾ししたのがにごり酒。いずれもお米の甘みと力強い旨味が堪能できる白濁した日本酒です。唐辛子を使った韓国料理や四川料理、ブルーチーズのようなクセのあるおつまみなど、どんなに強い味にも負けずに対抗できる日本酒です。

OTHER

- **菊姫　にごり酒** [菊姫・石川]
- **平和どぶろく** [平和酒造・和歌山]
- **にごり　純米原酒　英雄** [釜屋・埼玉]

日本酒のタイプから選ぶ おつまみINDEX

p107〜109で紹介した6つのタイプの日本酒に合うおつまみを選びました。今日の晩酌にお役立てください。

選者・白土暁子（IMADEYA）

TYPE 1 フルーティー＆ジューシーな日本酒には

TYPE 2 すっきり軽やかな日本酒には

TYPE 3 おだやかな日本酒には

TYPE 4

しっかり&複雑な日本酒には

TYPE 5

スパークリング酒には

TYPE 6

どぶろく&にごり酒には

ごはん同盟

しらいのりこ・シライジュンイチ

「ごはん同盟」は、調理担当のしらいのりこと企画担当のシライジュンイチの夫婦ふたりによる炊飯系フードユニット。得意分野はお米料理とごはんに合うおかず全般。雑誌やテレビを中心にレシピを発表するほか、炊飯教室などを精力的に開催し、ごはんのおいしさを広めるために日々活動中。ごはんと同じくらい日本酒が大好きで、ごきげんな晩酌を楽しんでいる。近著に『ポリ袋でレンチンおかず　電子レンジでこんなにおいしい！』（主婦の友社）、『しらいのりこの絶品！ ご飯のおとも101』（NHK出版）。

www.gohandoumei.com

Twitter&Instagram：@gohandoumei

ごきげんな晩酌

家飲みが楽しくなる日本酒のおつまみ65

2023年4月5日　初版第1刷発行

著者　ごはん同盟
しらいのりこ・シライジュンイチ
発行人　川崎深雪
発行所　株式会社 山と溪谷社
〒101-0051
東京都千代田区神田神保町1丁目105番地
https://www.yamakei.co.jp/

○乱丁・落丁、及び内容に関するお問合せ先
山と溪谷社自動応答サービス
TEL.03-6744-1900
受付時間／11：00-16：00（土日、祝日を除く）
メールもご利用ください。
【乱丁・落丁】service@yamakei.co.jp
【内容】info@yamakei.co.jp
○書店・取次様からのご注文先
山と溪谷社受注センター
TEL.048-458-3455
FAX.048-421-0513
○書店・取次様からのご注文以外のお問合せ先
eigyo@yamakei.co.jp

印刷・製本　図書印刷株式会社

ブックデザイン　千葉佳子（kasi）
撮影　宮濱祐美子
スタイリング　久保百合子
調理アシスタント　吉野レミ
企画・編集　神吉佳奈子
小山内直子（山と溪谷社）
DTP制作　天龍社

取材協力　株式会社 いまでや
https://imadeya.co.jp/

ISBN978-4-635-45066-9